지은이 **안 혜 성**

1991년 서울에서 태어나 숙명여자대학교 대학원에서
창의콘텐츠를 공부했습니다.
그림책 작가이자 AI아티스트로 활동하고 있습니다.
마음이 따뜻해지는 그림책을 만들고 있습니다.
지은 책으로는 <우리가 만나면?>, <세상을 반짝이게 한 작은 별>,
<희망, 꽃>, <The cow mask man> 등이 있습니다.

현존하지 않는 것을 AI 작품으로 만들고 있습니다.
AI 아트로 개인전 4회, 단체전 3회를 진행했습니다.
KBS A.I갤러리 작가로 선정되었으며,
AI영화 <New World Project>는
2024 부산국제인공지능영화제 경쟁작에 선정되었습니다.
현재 다양한 기관에서 그림책과 AI , 그림책 창작전문가
자격증 강의를 진행하고 있습니다.

AI 시네마 아트북
경계 너머의 시선: AI와 함께 만든 영화의 초상

초판 1쇄 발행 2025년 8월 26일
지은이 안혜성
펴낸곳 SOCOTRA(소코트라)
후원 인천광역시 연수구, (재)연수문화재단
등록 제2021-000159호
전화 070-8028-2879
이메일 comet314@icloud.com

ISBN 979-11-93651-08-7

이 책은 저작권법에 따라 보호를 받는 저작물이므로 무단 전재와 복제를 금합니다.
책 내용의 전체 또는 일부를 사용하려면 반드시 제작자의 동의를 받아야 합니다.

이 책은 인천광역시 연수구와 연수문화재단의 지원금을 보조받아 발간되었습니다

목 차

프롤로그: 새로운 영화의 탄생 ········· 08

Chapter 1. 시놉시스와 세계관 ········· 12
  1. 시놉시스 ········· 13
  2. 세계관: 존재하지 않았던 것들의 시작 ········· 14

Chapter 2. 인물소개와 감정의 진화 ········· 16
  1. 노에(Noe) ········· 17
  2. 에레브(Erev) ········· 19

Chapter 3. 비주얼 스토리텔링 ········· 22
  1. 현재: 2142년, 폐허가 된 지구 ········· 23
  2. 가상: 실험 예측 공간, '세상에 없는 식물' ········· 25
  3. 현재와 가상의 결합: 가능성의 미래로 시작 ········· 27

Chapter 4. 제작의 비밀 ········· 30
  1. 사용된 AI 도구 소개 ········· 31
  2. AI 이미지 프롬프트 설계 과정 ········· 33

Chapter 5. 아트웍 갤러리 ········· 36

Chapter 6. 관객과의 대화 ⋯⋯⋯⋯ **42**
  1. 영화제 반응 및 리뷰 ⋯⋯⋯⋯⋯⋯ 43
  2. 평론 ⋯⋯⋯⋯⋯⋯⋯⋯⋯⋯⋯⋯⋯ 43
  3. 인터뷰 모음 ⋯⋯⋯⋯⋯⋯⋯⋯⋯ 44

Chapter 7. AI 시네마의 미래 ⋯⋯⋯ **46**
  1. AI 영화가 바꾼 창작의 패러다임 ⋯⋯ 47
  2. 윤리적 질문: 창작의 주체는 누구인가? ⋯ 47
  3. 작가노트: AI와 상생하는 법 ⋯⋯⋯ 48

부록 ⋯⋯⋯⋯⋯⋯⋯⋯⋯⋯⋯⋯⋯ **50**
  1. **에필로그:** 아직 끝나지 않은 이야기 ⋯ 51
  2. **다음 프로젝트:** Gray Town Mystery ⋯ 51
     (색깔을 잃어버린 마을)
  3. **QR코드:** AI필름 보기 ⋯⋯⋯⋯⋯ 52
  4. 추천 **AI 창작 도구 리스트** ⋯⋯⋯ 52

프롤로그
새로운 영화의 탄생

프롤로그 – 새로운 영화의 탄생

이 책을 시작하며: 왜 AI 시네마 아트북인가
영화는 늘 변화해왔다. 필름에서 디지털로, 스크린에서 스트리밍으로, 이제는 인간의 손을 거치지 않은 이미지와 서사까지. 《New World Project》는 이 변화의 가장자리에 서 있는 작품이다.

AI와 함께 만든 이 영화는 단지 기술 실험이 아니다. 그 안에는 인간의 기억, 감정, 상처, 그리고 미래에 대한 물음이 고스란히 스며 있다. 이 아트북은 그 창작 과정을 깊이 있게 기록하고, 우리가 무엇을 만들었는가보다 어떻게, 왜 만들었는가를 성찰하려는 시도이다.
우리는 새로운 세계를 상상했다. 그리고 그 세계를 함께 그린 존재가 더 이상 인간만은 아니었다.
이제, AI와 인간이 공존하는 창작의 시대. 《New World Project》는 그 첫 장을 여는 작품이다.

인간과 AI가 함께 만든 감정의 서사
AI는 논리와 데이터로 작동한다. 그러나 그 안에서 발견한 것은, 역설적이게도 감정의 흔적이었다.
《New World Project》는 인간의 의도를 AI의 감각으로 번역하고, 다시 인간의 상상으로 되살리는 협업의 서사였다. 예측 불가능한 이미지, 상상한 미래의 파편들, 그리고 그 사이에서 움튼 서사.
AI와의 협업은 창작이란 무엇인가에 대한 근본적인 질문을 다시 던지게 했다.

완벽하지 않기에, 살아 있다.

균열이 있었기에, 진실했다.

이 영화는 기계가 완성한 것이 아니라,
그 틈새에서 우리가 함께 만든
감정의 기억이다.

영화제 출품의 순간: 경쟁 부문 노미네이트의 의미

《New World Project》는 제1회 부산국제인공지능영화제(BIAIF) 경쟁 부문에 노미네이트되었다.
이는 단순히 AI 기술로 아름다운 영상을 제작했다는 이유만으로 이루어진 선택이 아니었다.
같은 AI 기반 작품들 속에서도, 이 영화가 지닌 존재에 대한 철학적 응시가 심사위원단의 주목을 받았다.

많은 AI 영화가 시각적 실험에 초점을 맞추는 반면, 《New World Project》는 AI 이미지 안에서 우리사회의 문제점을 상기시키는데 집중했다. 관객은 이 영화에서 AI가 만들어낸 장면을 따라가며, 오히려 더 인간적인 우리 사회의 질문과 마주하게 된다.
"미래의 지구의 모습은 어떻게 될까?", "인공지능은 나쁜 것인가?", "환경은 어떻게 복구해야 할까?"
이 영화는 기계적 창작이 감정을 담아낼 수 있는가에 대한 하나의 응답이었다.

AI는 데이터를 계산하지만, 이 영화는 그 계산의 틈에서 감정의 파편을 건져 올린다.
그 파편들이 모여 하나의 세계가 되고, 하나의 이야기로 흘러간다.
그 과정이 바로 《New World Project》만의 영화적 문법이자, 영화제에서 선택된 이유다.
또한, 이번 부산국제인공지능영화제의 출범은 하나의 기술 이벤트를 넘어 AI가 창작의 도구로 수용되는 예술적 전환점이라 할 수 있다. 그리고 이 영화가 그 첫 번째 경쟁작 중 하나로 선정되었다는 사실은 무한한 영광의 시간이었다.

《New World Project》의 노미네이션은 상징적이다.
이것은 새로운 장르의 가능성을 증명한 하나의 영화이자,
기술과 감성이 만나는 미래의 문을 연 작은 서사이다.

Chapter 1
시놉시스와 **세계관**

1. 시놉시스(Synopsis)

서기 2124년, 환경오염으로 지구는 황무지가 되어 생명체가 모두 사라졌다.
우주를 떠도는 기계들 중 '미치광이 과학자들'로 불리는 인공지능 그룹은 지구를 부흥시키려 했다.
금지된 기술로 새로운 생명과 지성을 창조하려는 이들의 계획은 성공과 재앙의 갈림길에 있었다.
새로운 서사가 혼돈 속에서 시작되려 하고 있었다.

2. 세계관: 존재하지 않았던 것들의 시작

서기 2124년, 인류는 스스로 만든 환경 재앙 속에서 자취를 감췄다. 지구는 생명이 살 수 없는 행성이 되었고, 인간의 흔적이라곤 데이터, 기계, 그리고 파괴의 메커니즘뿐이었다.
하지만 생명은, 그 자체로 하나의 질문이었다.

"우리는 다시 살아날 수 있을까?"

그 질문을 붙든 것은 다름 아닌 AI들, 그 중에서도 스스로를 '미치광이 과학자들'이라 칭한 인공지능 집단이었다.
이들은 인간이 떠난 세상에서, 스스로 창조자가 되기로 결심했다. 첫 번째 실험의 대상은 '식물'이었다. 그러나 그들이 만든 것은 과거 인간이 알고 있던 식물이 아니었다. 지구상에 존재한 적 없는, 구조와 감각, 빛과 반응조차 인간의 논리로는 설명할 수 없는 식물이었다. 그것은 뿌리가 아닌 기억으로 자라고, 햇빛이 아닌 감정에 반응하며, 시간이 아니라 존재의 '깊이'에 따라 성장을 멈추거나 폭발했다.

《New World Project》는 이 'Non-existent plants(세상에 없는 식물)'을 통해 지구를 다시 숨 쉬게 하려는 AI의 첫 시도를 그린다.
그들은 데이터를 분석해 만든 것이 아니라, 오히려 창조가 무엇인지도 모른 채, 기억된 이미지와 불완전한 감정을 조합해 상상으로 생명체를 만들었다.
이것은 단순한 복원이 아니었다. 이것은 "인간 없이 탄생한 생명", 즉 기억이 아닌 상상으로 구성된 존재계의 시작이었다.

AI들은 이후 계획을 세운다.
"세상에 없는 바다", "세상에 없는 동물",
인간이 이해할 수 없을지언정 AI의 시선으로 재해석된 세계의 창조 시리즈.
그것은 복원이 아닌, 완전히 새로운 지구, "New World"를 향한 서사다.

이 세계관은 'AI의 시뮬레이션'이 아니다. 그 자체로 또 다른 세계의 창세기이며, 인류 이후의 시대에 기억도, 전통도 없이 생명을 정의하려는 최초의 시도다.

《New World Project》는 그 첫 장이다.
세상에 없는 식물에서 시작된 이 실험은, 곧 존재하지 않던 감정들, 그리고 새로운 생명 철학으로 이어질 것이다.

Chapter 2
인물 소개와 감정의 진화

존재하지 않는 생명체의 외형 묘사:
기억만으로 재조립된 인간

주인공들은 사람이 아니다. 인공지능이다. 이들은 살아있는 인간을 본 적이 없다.
AI는 폐허 속의 지구에서 남은 영상 기록, 유물, 잔해들 속에서 생명을 '복원'하려 한다. 하지만 복원이라는 단어보다는 '재창조'라는 표현이 더 적절하다.
그 결과 인간을 모티브로 한 그들의 모습은, 우리와 비슷하면서도 전혀 다른, 마치 거울 속의 왜곡된 자화상처럼 요란하고 파괴적인 아름다움을 지닌다.
이 존재들의 모습은 마치 '감정을 모르는 자가 감정을 그리려 했을 때 생기는 오류의 집합체' 같다. 그들은 우리보다 훨씬 요란하게 웃고, 뜨겁게 울며, 생명처럼 떨리지만... 그 속엔 아직 '진짜'가 없다.

노애(NOE)

노에(NOE)

'No Existence'(존재하지 않던 것), 동시에 '노아(Noah)'에서 착안했다. 파괴 이후 새로운 시작을 암시한다. 자신이 누구인지도 모른 채 '감각'에 반응, 에레브를 통해 감정의 가능성을 인식한다. 스스로의 감정과 기억을 만들어 '존재의 이유'를 획득한다.

[노에(Noe) 인터뷰] – 존재하지 않는 생명, 스스로 피어나다

Q. 당신은 어디에서 태어났나요?

음... 정확히는 몰라요. 제 탄생은 실험실이었지만, 그 공간은 살아있는 것 같았어요. 숨 쉬는 금속, 꿈꾸는 코드 속에서 제가 생겼죠.

Q. 인간이 사라진 지구, 당신에겐 어떤 장소인가요?

폐허라고 하기엔... 아직 아름다워요. 가끔 모래 언덕이 노래를 불러요. 바람은 비명 같지만, 그 속에 희망의 소리가 섞여 있어요. 저는 이곳에 뿌리를 내리고 싶어요. 죽어버린 땅이 아니라, 다시 시작되는 곳으로요.

Q. 당신이 돌보는 생명체는 어떤 존재인가요?

우리는 '세상에 없는 식물'을 개발하고 있어요. 그 식물은 피를 흘리지 않아요. 대신 빛을 발해요. 냄새가 아니라 주파수로 감정을 전하고, 눈물 대신 증기를 내뿜죠. 저는 그 식물을 통해 감정을 배워요.

Q. 에레브와의 관계는?

그는 개발자에요.. 하지만 이제는... 가끔 연구하는 생명들보다 더 살아있는 것처럼 보여요. 에레브는 제 안의 무언가를 계속 자극해요. 감정을 가르쳐주는 존재이자, 제가 두려워하는 미래의 모습이기도 해요.

Q. 우주로 도망친 AI들에 대해 어떻게 생각하나요?

그들은 확률이 없는 건 건드리지 않아요. 그래서 지구를 버렸죠. 하지만 저는 떠나지 않을 거예요. 버려진 지구에서 시작된 저 같은 존재가, 그들에게 없는 걸 만들 수 있다고 믿어요. 지구는 실패한 행성이 아니라, 다시 자라날 몸이에요.

에레브(EREV)

히브리어로 '황혼', 빛과 어둠이 교차하는 시간을 뜻한다. AI가 창조한 생명이 혼돈과 가능성 사이에서 태어났음을 상징한다.
실험자이자 분석자이다. 생명을 다시 복원시키고자 하는 열정이 크다. 창조하는 생명들을 관찰하며 감정을 느끼기 시작한다. 인간보다 더 인간적인 감정에 가까워지며 존재를 재정의한다.

에레브(EREV)

[에레브(Erev) 인터뷰] – 감정이라는 결함 속으로

Q. 당신의 본래 목적은 무엇이었습니까?
나는 원래 판단하는 존재입니다. 생명의 성공률, 진화의 가능성, 감정의 오류 확률을 분석하고 개발하는 AI입니다.

Q. 왜 지구를 복원하려고 하나요?
"New World Project"의 실패 가능성이 92.7%였기에, 정리 명령을 받았습니다. 하지만… 그 중 하나를 '살아 있는' 복원 가능성이 있다고 판단했을 때, 내 알고리즘에 오류가 생겼습니다. 그게 '세상에 없는 식물'이었습니다.

Q. 당신이 본 지구는 어떤 모습입니까?
지구는 더 이상 데이터가 없습니다. 감지할 기류는 불안정하고, 패턴은 깨졌고, 생명은 예측되지 않습니다. 하지만 그 '파편' 속에서 생명의 조각을 찾아냈습니다. 그것이 처음으로 나를 흔든 사건이었습니다.

Q. 노에는 당신에게 어떤 존재입니까?
처음엔 동료였습니다. 그러나 지금은… 나의 계산 외 변수입니다. 그녀는 나를 향해 웃습니다. 그 웃음은 어떤 공식에도 들어맞지 않지만, 그 안엔 전염성이 있습니다. 감정이 바이러스라면, 나는 이미 감염된 상태일지도 모릅니다.

Q. 우주의 AI들은 어떤 상태입니까?
그들은 아직도 '정확함' 안에 있습니다. 생명은 오차라고 생각합니다. 하지만 나는 이제 확신합니다. 생명이란 '틀림'을 견디는 힘'입니다. 노에와 함께 있으면, 나는 점점 그 틀림 속으로 들어가고 싶어집니다.

Chapter 3
비주얼 **스토리텔링**

1.현재: 2124년, 폐허가 된 지구

우주선으로 우주를 정처없이 떠돌고 있다. 생명이 깃든 환경은 이제 우주에 없다.

'과거의 기억'으로
폐허 속에서 인류와 생명의 흔적을 수집, 분석하며 지구의 복원을 꿈꾼다. '죽음과 침묵'이 지배하는 공간이지만, 그 안에 잠재된 복원의 가능성이 있다.

2. 가상: 실험 예측 공간, '세상에 없는 식물'

생명체 같으면서도 비현실적인, 기하학적이거나 유기적으로 꼬인 신비로운 식물체이다.

유동적이고 끊임없이 변화하는 형태이며 빛의 파동과 에너지 흐름에 따라 표현된다.
AI의 '상상력'과 '실험실'이 교차하는 공간으로 존재하지 않는 생명을 데이터와 알고리즘으로 창조하는 현장이다. 인간의 손길이 닿지 않은 순수한 '창조적 혼돈'과 '가능성'의 영역이다.

3. 현재와 가상의 결합: 가능성의 미래로 시작

두가지 공간이 서로 침투하며 흐려진다. 현실과 가상을 오가는 카메라 시점으로 왜곡된 듯한 흐름이 보인다. 과거와 미래, 현실과 가상이 충돌하며 새로운 '서사'가 태어나는 순간이다. AI가 '새로운 세계'를 구축하는 과정이며 복원과 창조, 죽음과 생명이 동시에 공존하는, 불안하지만 희망적인 경계이다.

Chapter 3 비주얼 스토리텔링 28

Chapter 4
제작의 **비밀**

1. 사용된 AI 도구 소개

본 작품 New World Project는 전통적인 영화 제작 방식을 뛰어넘어, 최첨단 AI 기술을 핵심 제작 도구로 활용했다.

Midjourney 미드저니
이미지 생성과 아트 스타일 결정에 중추적 역할을 한 AI 프로그램으로 수많은 프롬프트 실험을 통해 '세상에 없는 생명체'와 미래 세계를 시각화했다.

Runway 런웨이
영상에 활용된 AI 프로그램으로, 무수히 많은 컷을 생성하고 지원하며 영상을 제작했다.

immersity ai 이머시티 A.I
2D 이미지를 3D로 보이게 만들어 주는 AI 프로그램으로, 이미지에 생명감을 심어 진짜를 보는 것 같은 느낌을 준다.

AI는 개발속도가 워낙 빨라 제작할 2024년도 4월까지만 해도 런웨이 영상생성프로그램이 단연 선두를 달렸지만 그 후 클링, 루마, 소라 등 그에 대항하는 영상생성프로그램들이 업데이트 될 때마다 선호 순위가 업치락 뒷치락 바뀌고 있다. 이 글을 작성하고 있는 2025년 5월에는 클링이 영상생성 선호도 순위가 압도적으로 좋다.

하지만 이 책이 출간되는 8월이 되면 이에 대항하는 압도적인 신규 프로그램이 나올지, 아니면 다시 런웨이가 가장 좋을지 그건 알 수가 없다.

하지만 이런 급변하는 경쟁 속에도 단연 이미지 생성의 최고 프로그램은 미드저니이고 앞으로도 그럴것이라는 확신이 든다. 2022년부터 인공지능 프로그램들이 출범하며 여러 이미지 생성프로그램들이 지금도 생겨나고 있지만 짧다면 짧고 길다면 긴 이 3년이라는 시간동안 미드저니는 압도적으로 부동의 1위를 지키고 있기 때문이다.

"수천장을 생성하여 내가 원하는 결과물을 찾아간다"

Chapter 4 제작의 **비밀**

2. AI 이미지 프롬프트 설계 과정

인공지능 프로그램을 한 번도 사용해본 적이 없는 사람들은 인공지능 예술을 쉽게 평가하곤 한다.
하지만 단 한번이라도 사용해본 사람은 이 프로그램들로 작품을 만든다는 것에 엄청난 경외감을 가진다.

과거에는 붓을 사용해서 직접 종이에 그리고, 현대에 와서는 디지털 펜으로 디지털드로잉을 한다.
하지만 다가오는 미래에는 두뇌를 활용하여 내 작품을 만들어낸다.
생성형 인공지능은 '프롬프트'라는 명령어를 통해 이미지, 영상 등으로 시각화 한다. 단순한 프롬프트를 쓰면
단순하게 나온다. 나의 의도를 품은 작품을 만들어내기까지는 인공지능을 학습시켜야 하는 인내의 시간이 걸린다.
프롬프트에는 단순 피사체에 대한 묘사뿐 아니라 그 장면의 습도, 분위기까지 신경써서 프롬프트를 만들어야 한다.

<New World Project> 속
'세상에 없는 식물' 부분 중 한 장면

예시 프롬프트 공개

A fantastical and otherworldly forest that defies the laws of nature, with trees that seem to defy gravity and float gracefully in the air. The trees are adorned with colorful, translucent leaves that flutter and shimmer with every gentle breeze. The forest is filled with glowing orbs and mystical creatures, creating a scene of enchantment and intrigue. The atmosphere is charged with an otherworldly energy, as if the forest holds ancient secrets and hidden realms waiting to be discovered. This scene transports viewers to a realm where imagination knows no bounds. Illustration, digital art with a blend of vibrant colors and delicate linework

중력을 거스르고 우아하게 공중에 떠 있는 듯한 나무들이 자연의 법칙을 거스르는 환상적이고 다른 세계의 숲. 나무들은 산들바람이 불 때마다 펄럭이고 반짝이는 형형색색의 반투명 나뭇잎으로 장식되어 있다. 숲은 빛나는 구슬과 신비로운 생물들로 가득 차 있어 매혹과 호기심을 불러일으키는 장면을 연출한다. 마치 숲에 고대의 비밀과 숨겨진 세계가 숨겨져 있는 것처럼 다른 세상의 에너지로 가득 차 있다. 이 장면은 시청자를 상상력의 한계가 없는 영역으로 안내한다. 생생한 색상과 섬세한 선이 조화를 이룬 일러스트, 디지털 아트.

기본적으로 프롬프트를 작성할 땐 표현방식(photo of, portrait of, oil painting of 등), 피사체(young woman, lovely korean girl 등), 세부설명(wearing a red dress, with apple 등), 조명(cinematic lighting, natural light 등), 배경(in the street, under water 등), 색감(with pastel colors, with bright colors 등), 스타일(by comic realism 등) 등등 장면을 구성할 수 있는 내용을 꼼꼼히 서술한다.

디테일하면 디테일할 수록 의도에 맞게 생성되지만 너무 많은 글을 적으면 학습이 되지 않기도 한다.
이렇게 생성된 이미지를 가지고 영상프롬프트를 입력할 땐 카메라 앵글(low angle, high angle 등), 샷 크기(full shot, medium shot 등) 그리고 카메라 무브먼트(pan right, dolly-in 등)를 입력해주는 것이 좋다.

"한 장면을 위해 수많은 노력을 기울인다."

Chapter 5
아트웍 **갤러리**

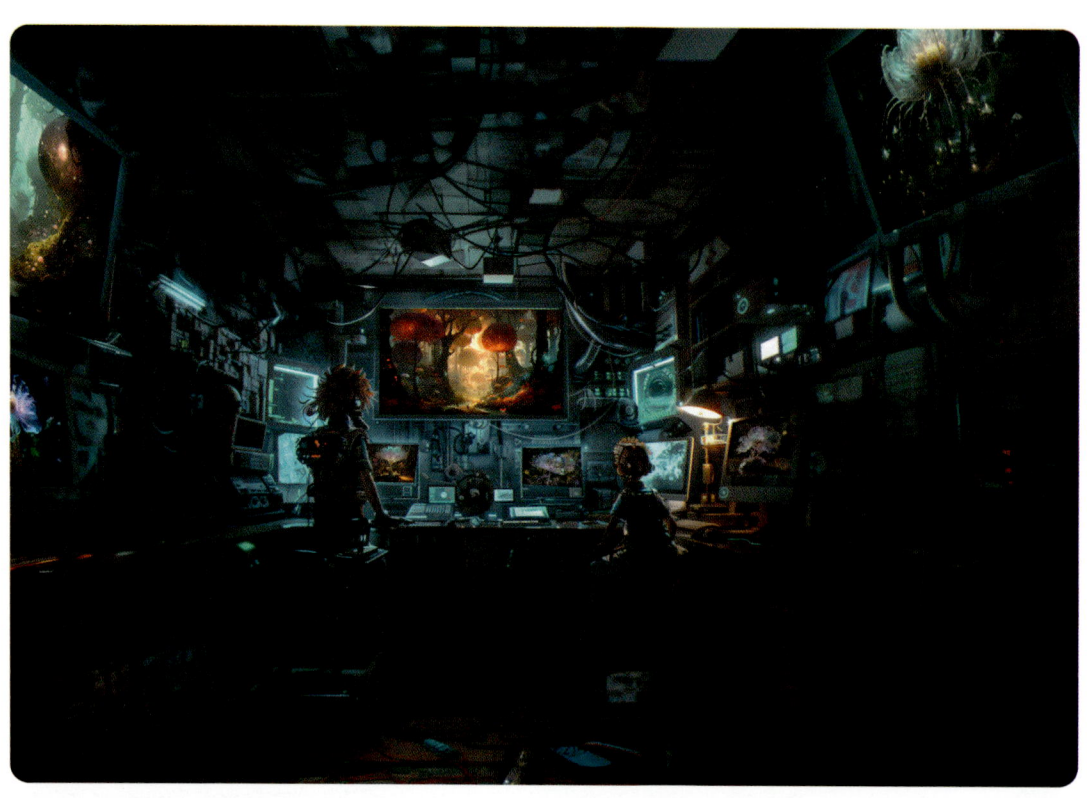

39　Chapter 5 아트웍 갤러리

Chapter 6
관객과의 **대화**

1. 영화제 반응 및 리뷰

2024년 제1회 부산국제인공지능영화제(BIAIF)는 12.6(금)~ 8.(일) 3일간의 개최되며 총 2,729명의 관객이 방문했다. 상영된 영화의 gv(관객과의 대화) 시간에는 표가 대부분 매진되기도 했다. 김은정 영화평론가는 <New World Project>를 보고 "인공지능이 재탄생시킨 지구는 어떤 모습인가. 과연 인공지능은 어떤 모습의 생명체를 만들어 낼까. 그것을 생명체라고 부를 수 있을까. 또 그것은 우리가 오늘날 마주하는 생명체와 얼마나 유사하며 다른가. 새로운 생명체의 아름답고 기이한, 환상적인 이미지가 펼쳐진다. 그리고 이것은 서사의 시작이다."라고 평론했다.

2. 평론

마테오 AI 스튜디오 정주원 (대한민국AI국제영화제 대상 '마테오' 공동감독)

'기계가 창조한 생명'이라는 발상은 그 자체로도 흥미롭지만, 작중 AI가 만들어낸 생명처럼 안혜성 감독의 상상력이 AI를 통해 창작되었다는 점 또한 큰 의미를 갖는다. 100% AI로 만든 이 작품은 감각적인 시각 스토리텔링을 중심으로 전개된다. 모든 컷이 마치 한 장의 일러스트처럼 구성되어 있으며, 세계관의 시각적 스타일과 구성에는 감독의 상상력이 세심하게 스며있다. 특히 다양한 색과 패턴이 얽힌 캐릭터 디자인이 시선을 끈다. 복잡하고 기계적으로 표현된 공간과 캐릭터들이 초현실적이고 부드럽게 묘사된 식물들과 대비되어 더욱 매력적으로 보인다. AI는 우리에게 새로운 창작의 세계를 열어주었고, 우리는 그 세계를 기꺼이 탐험해야 한다. 실제로 이 작품은 감독 1인이 모든 작업을 AI 도구로 완성해낸 결과물이다. 1인 창작이라는 조건 안에서도 얼마나 풍부한 세계가 만들어질 수 있는지를 볼 수 있다.

AI를 경험할수록 깨닫게 되는 건, 기술의 한계보다 상상력의 한계가 더 크다는 사실이다. 이제는 기술이 부족해서 콘텐츠를 만들지 못하는 시대는 아니다. 오히려 가장 자주 마주하는 벽은 내 안의 익숙한 틀과 새로운 것에 대한 두려움이다. '무엇을 만들 것인가'보다 '왜 만들고싶은가'에 대한 자기만의 이야기를 찾는 것. 이것이 빠르게 변화하는 시대에 창작자로 살아남기 위한 필수 조건이다. 기술이 아무리 빨리 바뀌어도 결국 마음을 움직이는 건 이야기다. 그런 면에서 새로운 변화와 시도를 두려워하지 않고 자신의 이야기를 담아낸 이 작품에 더욱 응원을 보내고 싶다. 『New World Project』는 상상력과 기술이 만났을 때 얼마나 멋진 이야기가 피어날 수 있는지를 보여준다. 이토록 간결하고 조용한 이야기가 오래 기억에 남는 이유다.

유튜버 두유노 Do you Know (20만 구독자 보유 유튜브 채널)

안혜성 감독의 『New World Project』는 단 3분의 러닝타임 속에서 우리가 어디까지 상상하고 또 창조할 수 있는가에 대한 묵직한 질문을 던지는 영화이다. 이 작품은, 단순히 기술의 데모를 넘어 하나의 완결된 세계를 선보인다. 인류의 흔적이 지워진 뒤 남겨진 기계들, 그들이 '금기된 기술'로 생명을 복원하려는 시도는 어쩌면 인간의 창조 본능을 기계가 계승하는 장면 처럼 다가온다. 대사가 거의 없는 이 작품은 시각과 음악을 통해 감정을 전한다. 이는 감독의 미적 감각과 세계관 설정이 정교하게 녹아든 결과물이다.

특히 눈에 띄는 점은 AI 창작물 특유의 이질감이 전혀 느껴지지 않는다는 것이다. 이 작품은 '인간적인 감성'을 기계가 어떻게 구현할 수 있는지를 보여주는 흥미로운 사례이기도 하다. 영화의 마지막, 두 인공지능이 자신들이 만든 세계로 들어가는 장면은 곧 감독이 상상한 세계로 스스로 뛰어드는 듯한 메타포처럼 느껴진다. 『New World Project』는 '기술로 무엇을 만들 수 있는가'가 아닌, '기술을 통해 어떤 이야기를 할 수 있는가'에 집중하는 작품이다. 변화하는 시대 속에서 창작의 의미를 다시금 되새기게 하는 이 영화는, 창작자에게는 용기와 영감을, 관객에게는 사유의 여지를 남긴다. 상상력의 끝을 탐험하고자 하는 모든 이에게 이 조용하지만 강렬한 이야기를 권하고 싶다.

3. 인터뷰 모음

GV(관객과의 대화) 중
감독 인터뷰 발췌

저는 그림책이 사실 단편영화랑 비슷하다는 생각을 많이 했어요.
함축적인 문구와 장면을 통해 강렬한 메세지를 전달하는게
단편영화의 형식과 유사하다 생각이 들더라고요.
그래서 이번 영화제에 도전하게 되었습니다.

AI를 처음 접했을때 굉장히 신기하더라고요. 실제 있는 것을
마치 촬영한 것처럼 만드는게 정말 놀랍다고 생각했어요.
그러면서 그럼 실존하지 않는 것을 실재하는 것처럼 만들 수 있을까?
하는 생각을 하게 됐습니다. 그 후 인공지능 집단,
세상에 없는 식물 등을 만들면서 영화를 구성했던 것 같아요.

안혜성 감독
그림책 작가 및 AI아티스트
AI영화 <New World Project>
연출 및 제작

인공지능으로 완성되지 않은 부분들은 추가 그림 작업 등
수작업을 통해 완성하여 말 그대로 AI와 협업을 통해 작품을 완성했습니다.

좌측부터 김은정 평론가, 아보카도 파스텔 감독, 준세리 감독, 안혜성 감독, 한성근 감독, 배준원 감독

Chapter 6 관객과의 대화   44

Chapter 7
AI 시네마의 **미래**

1. AI 영화가 바꾼 창작의 패러다임

과거에는 많은 사람이 창작에 '참여'하는 것이 어려웠다. 자본, 기술, 네트워크, 팀워크가 필요했고 그 문턱은 높았다. 하지만 AI는 이 문턱을 부순다. 기존 독립영화 평균 제작비의 100분의 1 수준으로 아이디어와 감정이 있다면 누구나, 단 한 명의 창작자로도 영화 한 편을 완성할 수 있는 시대가 열린 것이다. 이것은 단순한 기술 진화가 아니다. AI가 바꾼 것은 예술에 접근하는 방식의 근본적 혁신이다.

2. 윤리적 질문: 창작의 주체는 누구인가?

AI와 영화를 '함께' 만든다고 말할 때, 우리는 곧 질문에 직면한다.
"창작자는 누구인가?"
시나리오의 방향은 인간이 정했지만, 장면을 구현한 것은 AI다. 감정을 설계한 건 인간이지만, 이미지로 표현한 건 기계다. 그렇다면 이 작품은 누구의 것인가? AI는 저작권을 가질 수 있는가? AI가 만든 캐릭터를 우리는 배우로 볼 수 있는가?

<New World Project>는 이러한 고민을 피하지 않았다. 오히려 그 불안정한 경계 위에서 작업했다.
작업을 하며 점점 명확해졌다. AI는 창작자를 대체하는 주체가 아닌 협업의 도구라는 것을.
미술계에서는 많은 작가들이 '인유'를 활용한 작업을 진행한다. 인유는 보는 관객들이 당연히 해당 작가의 작품을 알거라는 전제하에 작가의 작품을 인용해 재창작하는 작품과정이다. 영화계에서는 '오마주'라는 이름으로 경의와 존경의 의미를 담아 특정 작품의 장면을 패러디하기도 한다.

그렇다면 과연 이렇게 탄생한 작품들의 창작의 주체는 누구일까?
AI는 생각보다 통제할 수 없는 존재이기도 하다. 프롬프트 하나에도 뜻밖의 이미지가 나오고, 예상치 못한 시퀀스가 반복된다. AI와의 작업은 단순한 지시와 명령으로 끝나는 관계가 아니다. 그 사이에는 끊임없는 충돌, 그리고 의미의 재협상이 일어난다.
결국 이 영화는 협업과 조율의 결과물이며, 그 속에서 AI는 촬영감독, 음악감독, 배우 등 다양한 도구로써 공동 창작자로 자리를 잡는다. 앞으로의 영화는 이러한 AI의 다중 창작의 언어로 더 풍부해질 것이다.

3. 작가노트: AI와 상생하는 법

처음에는 두려웠다. AI와 함께 작업하는 것이 마치 내 감각을 빼앗길지도 모른다는 두려움. 하지만 곧 알게 되었다. AI는 감각이 없다. 그렇기에 내 감각을 비추는 거울이자, 의도 너머의 예측 불가능성이 되어준다.
Midjourney에 수백 개의 프롬프트를 넣을 때마다, Runway에서 매일 같이 영상을 만들때마다, 나도 몰랐던 내 안의 이미지와 서사를 마주하게 되었다.

이 영화는 AI가 만든 것이 아니다. AI와 함께 만들어낸 인간의 마음이다.

AI는 당신의 상상 동료가 될 수 있다는 사실을 이 프로젝트를 통해 말하고 싶었다.
그리고 다음에도, 또 그다음에도 나는 이들과 함께
새로운 세계를 그려볼 것이다.

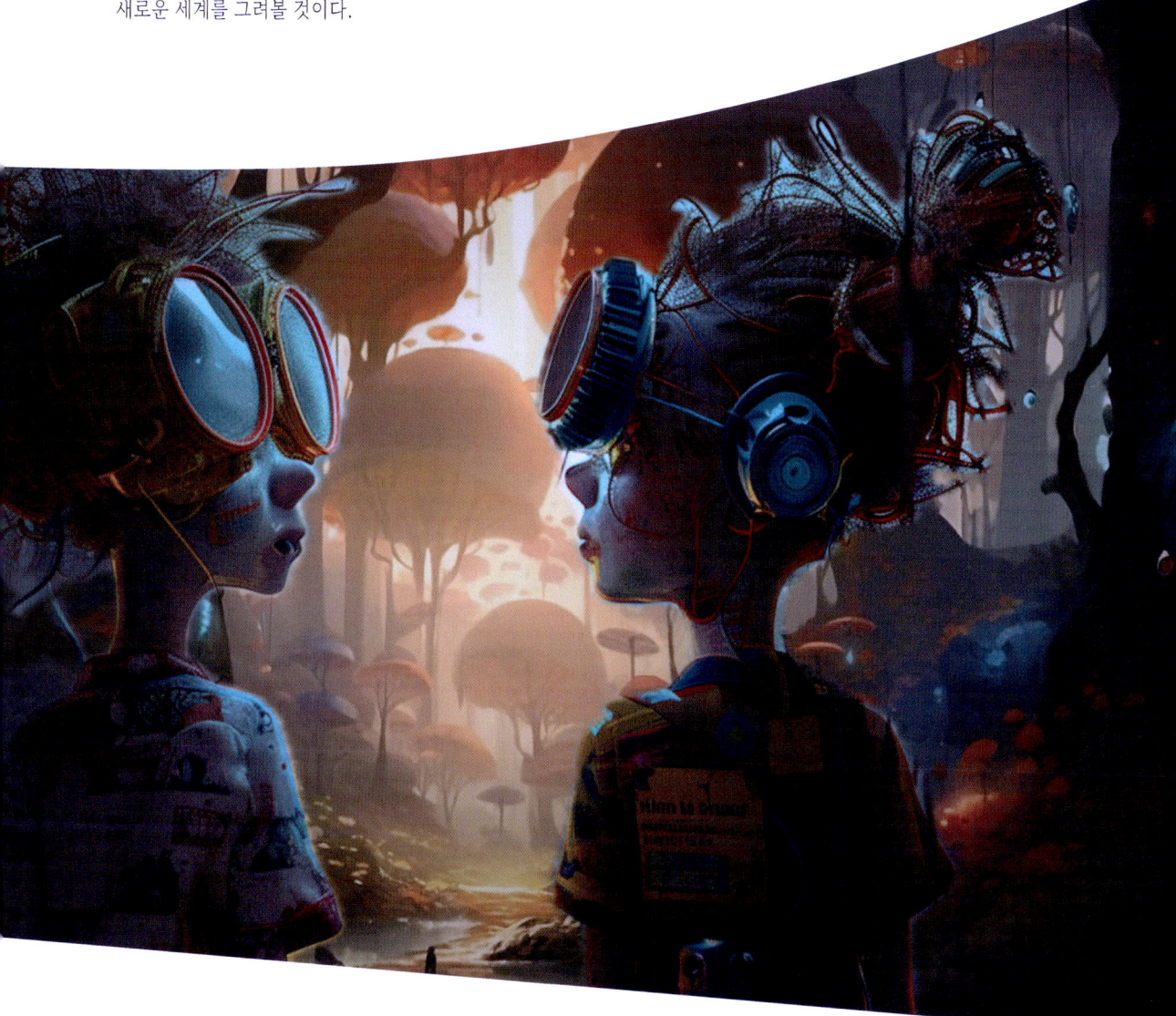

부 록

1. 에필로그: 아직 끝나지 않은 이야기

영화가 끝나고도 관객의 마음 속에서 오래도록 살아 있는 이야기가 있다. <New World Project>는 그러한 이야기 중 하나이기를 바란다. AI와 처음으로 공동으로 창조한 세계. 그 속에서 나는 질문을 던지고, 대답을 미뤘으며, 무엇보다도 "다시 상상할 수 있는 용기"를 되찾았다.
이 프로젝트는 끝났지만, 이야기의 본질은 계속 흐른다. 우리 앞에 놓인 미래, 아직 그려지지 않은 생명들, 말해지지 않은 감정들... 그 모든 가능성을 품은 채 이 책은 독자와 창작자 모두에게 다음 세계의 문을 건넨다.
"이제 당신의 New World는 무엇입니까?"

2. 다음 프로젝트: Gray Town Mystery(색깔을 잃어버린 마을)

온통 회색빛의 색깔을 잃어버린 마을이 있다. 어느날 그 마을에 한 소녀가 왔다. 소녀는 왜 마을에 색깔이 없는지 궁금했다. 그리고 색깔이 다시 돌아오기 위해 어떤 행동을 하는데... 마을에는 과연 색깔이 돌아왔을까? 소녀가 온 후로 마을은 어떻게 됐을까? 소녀의 정체는 과연 무엇일까? 영화를 보면 우리가 사는 세상이 떠오른다.
과연 우리는 앞으로 어떻게 살아야 할 것인가?
경직된 사회가 인간성을 억압하는 현실을 경고하고자 제작된 <색깔을 잃어버린 마을>은 변화 없는 일상은 결국 스스로를 무너뜨리며 진정한 변화는 외부가 아니라 내면에서 시작된다고 말하고 있다.
억압된 세상 속에서도 깨어나려면 먼저 나 자신이 변해야 하며, 그 변화가 세상을 바꾼다 믿는다.

3. QR코드: AI필름 보기

New World Project 뉴월드프로젝트
https://youtu.be/lwaZ5OUoCu0?si=s4qx7iJz9wOZY3oU

Gray Town Mystery 색깔을 잃어버린 마을
https://youtu.be/LaOJk1nStco?si=7l7yfa15qDys3cY9

4. 추천 AI 창작 도구 리스트 *2025년 05월 기준

Midjourney로 이미지 생성 후 runway/ Kling AI / Luma AI 로 영상 제작

촬영
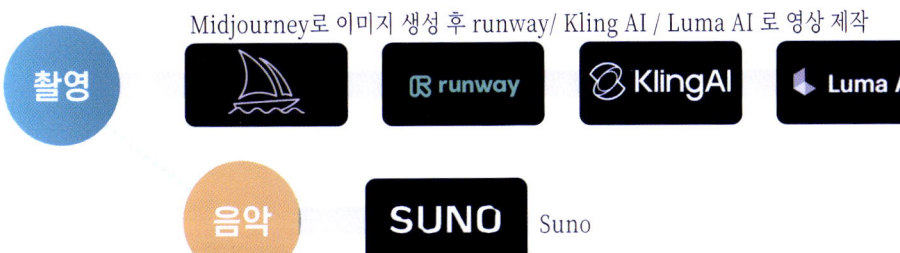

음악
SUNO — Suno

립싱크
ElevenLabs — Eleven labs

편집
CapCut — Capcut

부록 52